LE RÉTABLISSEMENT

DU

POUVOIR IMPÉRIAL

HÉRÉDITAIRE

EST INDISPENSABLE A LA FRANCE

IL EST SELON LA PENSÉE DE DIEU

PAR LE VICOMTE GAZAN

> Lorsqu'il s'agit de l'intérêt général, je m'efforce toujours de devancer l'opinion publique, mais je la suis lorsqu'il s'agit d'un intérêt qui peut sembler personnel.
>
> *Réponse du Prince Louis-Napoléon au Conseil général de la Nièvre*, le 15 sept. 1852.

PARIS

IMPRIMERIE DE GUIRAUDET ET JOUAUST

RUE SAINT-HONORÉ, 338

1852

RÉTABLISSEMENT

DU

POUVOIR IMPÉRIAL HÉRÉDITAIRE

LE RÉTABLISSEMENT

DU

POUVOIR IMPÉRIAL

HÉRÉDITAIRE

EST INDISPENSABLE A LA FRANCE

IL EST SELON LA PENSÉE DE DIEU

PAR LE VICOMTE GAZAN

> Lorsqu'il s'agit de l'intérêt général, je m'efforce toujours de devancer l'opinion publique, mais je la suis lorsqu'il s'agit d'un intérêt qui peut sembler personnel.
>
> *Réponse du Prince Louis-Napoléon au Conseil général de la Nièvre*, le 15 sept. 1852.

PARIS

IMPRIMERIE DE GUIRAUDET ET JOUAUST

RUE SAINT-HONORÉ, 338

1852

PREMIÈRE PARTIE

CHAPITRE Ier.

Dès l'avénement de la République, en 1848, la majorité du peuple a proclamé Louis-Napoléon comme Chef de l'Etat.

Louis-Napoléon s'était rendu de Londres à Paris dès qu'il avait connu la révolution de Février. Mais presque aussitôt il reprit avec abnégation le chemin de l'exil, en voyant que le Gouvernement provisoire considérait sa présence en France comme dangereuse pour le maintien de la paix publique.

Plusieurs départements le choisirent comme représentant en avril 1848; il crut devoir refuser cette preuve de sympathie. Plusieurs autres ne tardèrent pas à le choisir encore; il persista à refuser.

Le 12 juin, le Gouvernement provisoire présenta à

l'Assemblée constituante un projet de décret dont la conclusion portait : « Le Gouvernement provisoire déclare » qu'il fera exécuter, en ce qui concerne Charles-Louis-» Napoléon Bonaparte, la loi de 1832, jusqu'au jour où » l'Assemblée nationale en aura autrement décidé. » Le Gouvernement provisoire s'appuyait sur la nécessité de répondre aux attaques dont la jeune République était menacée par le parti bonapartiste. A ce sujet il rappelait, dans les considérants du décret, que des rassemblements se formaient chaque jour aux cris de Vive l'Empereur! autour de l'Assemblée et sur divers points des boulevards, et proclamaient hautement Louis-Napoléon comme ayant seul droit au gouvernement de la France, en sa qualité d'héritier de l'Empereur.

L'Assemblée adopta le décret et maintint temporairement contre Louis-Napoléon l'exclusion du territoire français.

A peine venait-elle de prononcer, que le ministre de l'intérieur adressait aux préfets et sous-préfets une dépêche télégraphique ainsi conçue : « Par ordre de la Com-» mission du Pouvoir exécutif, faites arrêter Charles-» Louis-Napoléon Bonaparte s'il est signalé dans votre » département. Transmettez partout les ordres néces-» saires. »

De juin à septembre, malgré les persécutions dont le Gouvernement frappait les membres les plus influents du parti bonapartiste, la popularité de Louis-Napoléon augmentait chaque jour.

Le 17 septembre, cinq départements l'appelèrent à l'Assemblée. Ils s'honoraient ainsi de résister hautement au décret d'exclusion dont il avait été frappé au mois de juin. Devant les injonctions de ces votes, et sur une proposition de plusieurs représentants, le décret fut rapporté. Louis-Napoléon, arrivant immédiatement de Londres, prit sa place au Palais législatif. C'est à M. Piétri, aujourd'hui préfet de police, que sont dus surtout la présentation et le succès de cette proposition. Le Gouvernement provisoire la combattit vivement; M. Piétri sut la défendre avec fermeté.

Constatons donc attentivement que, dès l'avénement de la République, la majorité du peuple, à Paris et dans les départements, a demandé à haute voix que le pouvoir fût remis entre les mains de Louis-Napoléon.

CHAPITRE II.

Le 10 Décembre 1848, la France a voulu décerner la souveraineté à Louis-Napoléon.

Le 10 décembre 1848, la France accourait dans ses comices pour se donner un chef; elle acclama Louis-Napoléon, et commença à respirer. Vainement la candidature du Prince avait été combattue à l'aide de moyens qu'une conscience politique honnête et que les sentiments moraux du pays désavouent; vainement, pour le repousser de la présidence, la majorité de l'assemblée et le gouvernement avaient mis toute leur influence en mouvement; le chiffre miraculeux de 5,534,520 suffrages consacra son avénement au pouvoir.

Il avait adressé une seule réponse aux intrigues et aux calomnies dirigées contre sa candidature; cette réponse péremptoire avait été son manifeste. Il y abordait de front les points les plus importants; il y déclarait surtout, avec toute l'énergie de son patriotisme, qu'il voulait un gouvernement *capable de rétablir l'ordre*. Les populations avaient redoublé dans leur ardeur de bonapartisme, à l'aspect de cette pièce, dont elles comprenaient la puissante signification. A Paris, sur la place Vendôme, des rassemblements presque continuels stationnaient devant la demeure de Louis-Napoléon, au cri de Vive Napoléon ! Au milieu des campagnes, les paysans, qu'on cherchait à détacher de sa cause, se hâtaient de répondre : « C'est inutile, il a notre con- » fiance ; l'oncle a dompté l'anarchie, le neveu nous » sauvera. » Dans plusieurs villes, les ouvriers, réunis en corps, avaient voté des lettres pour l'assurer de leur dévouement. A Saint-Quentin, à Metz et ailleurs, des vivats avaient été poussés en son honneur le jour où la Constitution avait été proclamée.

Chacune de ses réponses aux ouvriers révèle sa foi inébranlable dans la mission providentielle qu'il avait à accomplir. Je veux citer celle de ces réponses qu'il adressa aux ouvriers charpentiers de Troyes :

Paris, le 16 novembre 1848.

« Citoyens,

» De tous les témoignages de sympathie qui m'arri- » vent, aucun ne m'a plus vivement touché que le vôtre. » Il m'a prouvé que vous aviez bien compris les motifs

» qui m'ont fait accourir sur cette glorieuse terre de
» France.

» Vous ne m'étonnez pas en me signalant les menées
» qui vous entourent : elles s'exercent dans tous les
» départements. Je n'y oppose que la droiture de ma
» conscience, et je me sens assez fort avec les seuls
» appuis que je réclame : le bon sens du peuple et l'hé-
» ritage de mon nom. Répondez à ceux qui vous parlent
» de mon ambition que j'en ai une grande en effet, celle
» d'arracher la France au chaos et à l'anarchie, et de la
» rétablir dans sa grandeur morale en même temps que
» dans sa liberté.

» Les ouvriers de Troyes, dont vous êtes les inter-
» prètes, doivent savoir que, dans l'exil et la prison,
» j'ai médité sur ces grandes questions du travail qui
» préoccupent les sociétés modernes. Ils doivent croire
» que de telles études ont laissé en moi d'ineffaçables
» traces, et que d'aussi sérieux intérêts me seront tou-
» jours chers.

» Dites-leur à tous que je les remercie de leur con-
» fiance; mon cœur m'assure que j'en suis digne, et
» l'avenir prouvera que j'aurai su la mériter. »

Louis-Napoléon a compté avec raison sur le bon sens du peuple et l'héritage de son nom.

Avant la publication de son manifeste, et dans une circonstance solennelle où pour la première fois il posait directement sa candidature à la présidence, il avait prononcé ces paroles, si profondément senties :

« De quoi m'accuse-t-on ? d'accepter du sentiment » populaire une candidature que je n'ai pas recherchée ? » Eh bien ! oui, je l'accepte cette candidature qui m'ho» noré ; je l'accepte, parce que des élections successives » m'autorisent à croire que la France regarde mon » nom comme pouvant servir à la consolidation de la » société. »

Cette déclaration de Louis-Napoléon fut accueillie avec avidité dans le public, on se le rappelle. Mais les adversaires de sa candidature ne surent plus dès ce moment maîtriser la fureur de leurs indignes attaques.

La France, en confiant ses destinées à l'héritier de Napoléon, a manifesté hautement sa répulsion profonde pour les principes que la surprise du 24 février avait intronisés, sa résolution immuable de clore la révolution, d'imposer silence aux doctrines anarchiques dont le déchaînement avait accumulé tant de ruines.

Le vote du 10 décembre a eu incontestablement cette signification, on ne peut le méconnaître. Je dois dire de plus, pour la compléter, que la France, voyant la république absolument incompatible avec la sécurité des personnes, des croyances et des propriétés, a voulu décerner la souveraineté à Louis-Napoléon, qu'elle l'a chargé de substituer à la république un édifice gouvernemental capable de supporter une liberté sage et bienfaisante. Si on me demandait des preuves sur ce point, je rappellerais, entre autres, les vives instances que les délégués des départements vinrent adresser au prince avant le 10 décembre. Ils le suppliaient de se rendre au vœu du pays, de se créer empereur.

Je me plais à signaler ici un rapprochement de dates que peu de personnes auront remarqué. Le 10 décembre est un des anniversaires heureux dans l'histoire de l'Empereur. Le 10 décembre 1797 (20 frimaire an VI), une fête publique se donnait à Paris, dans la grande cour du Luxembourg, en l'honneur du général Bonaparte. Il venait d'achever son immortelle campagne d'Italie, il remettait au Directoire le traité glorieux de Campo-Formio et les drapeaux conquis. Pendant cette cérémonie, le Directoire donna à l'armée d'Italie, pour lui prouver la reconnaissanee de la patrie, un drapeau retraçant en caractères d'or ses actes héroïques. Elle avait vaincu dans soixante-sept combats, elle avait eu 150,000 prisonniers en son pouvoir, elle avait pris 170 drapeaux, 550 pièces d'artilllerie de siége, 600 pièces de campagne, 9 vaisseaux, 12 frégates, 12 corvettes et 18 galères.

C'est à partir du 10 décembre 1797 que les noms les plus puissants de la révolution commencèrent à s'éclipser devant l'étoile radieuse de Bonaparte.

Le 10 décembre 1848 restera dans le souvenir de la France comme un jour où Dieu l'a couverte visiblement de sa protection, en mettant le pouvoir aux mains de l'homme à l'âme intrépide, au cœur convaincu, qu'il avait préparé pour notre salut dans l'exil et dans les méditations de la prison.

CHAPITRE III.

Du 10 Décembre 1848 au 2 Décembre 1851, les vœux et les actes de la France ont indiqué le rétablissement de l'Empire comme la seule solution possible.

Le 24 décembre 1848, Louis-Napoléon, pour inaugurer son pouvoir présidentiel, passait une revue solennelle de l'armée, des gardes nationales de Paris et de la banlieue.

Les cris de Vive Napoléon! Vive le président! retentirent avec ardeur sur son passage. Plusieurs fois des ouvriers en blouse, se mêlant au cortége, lui tendirent leurs mains avec respect: il les serrait affectueusement.

Du 20 décembre 1848 au 2 décembre 1851, il s'est consacré avec une abnégation immuable à l'accomplissement de sa mission régénératrice. Intrigues, injures, menaces, conspiration parlementaire, ont été impuissantes pour ébranler son courage. Aussi, du 20 décembre 1848 au 20 décembre 1851, la France, s'identifiant à lui de plus en plus, et poursuivant avec ardeur son idée fixe, a-t-elle cherché à préparer la restauration du pouvoir impérial. Qu'on se rappelle l'année 1851, où des pétitions chargées de deux millions de signatures, et les votes de quatre-vingts conseils généraux, ont demandé si instamment la révision de la Constitution et la réélection de Louis-Napoléon. La France alarmée comprenait de jour en jour davantage qu'il était pour elle le seul refuge, la puissante personnification de l'ordre et de la liberté au dedans, de la grandeur nationale au dehors.

Indépendamment de ces pétitions et de ces votes de quatre-vingts conseils généraux, je puis démontrer, à l'aide de deux autres preuves aussi incontestables, que, de 1849 à décembre 1851, la France, complétement identifiée à Louis-Napoléon, a préparé de plus en plus le rétablissement de l'empire. Je puise ces deux preuves dans les sentiments que la population de Paris et celle des provinces ont manifestés vis-à-vis de Louis-Napoléon de 1849 à 1850, de 1850 à 1851.

Vainement la presse démagogique accumulait ses excitations à la haine du gouvernement, vomissait ses diatribes contre la personne de Louis-Napoléon, calomniait ses actes, en les dénaturant, la population de Paris l'a honoré en toutes circonstances de ses chaleureuses sympathies. Dégagé de son caractère officiel, paraissait-il tout à coup en public, ou se rendait-il avec apparat à une revue, à une cérémonie, il était constamment salué avec respect des cris de Vive Napoléon! souvent de celui de Vive l'empereur! La population de Paris avait désappris presque complétement celui de Vive la république!

L'attitude des provinces vis-à-vis de Louis-Napoléon est ma seconde preuve; je vais la produire.

En 1849, 1850 et 1851, Louis-Napoléon a visité plusieurs villes, et entre autres Compiègne, Sens, Épernay, Bourges, Angers, Nantes, Cherbourg, Lorient, Brest, Rouen, Le Havre, Strasbourg, Saint-Quentin, Dijon et Beauvais. Dans ces villes et dans celles qu'il a rencontrées sur son passage, les manifestations ont été, au point de vue du rétablissement de l'empire, plus significatives que celles de Paris. Rappelons-nous quelques circonstances de son voyage à Épernay, à Sens et à Rouen.

Le 3 septembre 1849, il arrivait de Paris à Épernay, et il inaugurait le chemin de fer de Strasbourg, au milieu des acclamations les plus vives. Elles l'avaient déjà accueilli pendant sa route à Lagny, à Meaux, à La Ferté, à Château-Thierry, où il avait reçu les autorités et passé la revue des gardes nationales. Celles de soixante-dix communes s'étaient réunies à Lagny, et plusieurs avaient parcouru une distance de plus de huit lieues. A Meaux, quelques rares cris de Vive la république! se mêlèrent aux cris de Vive Napoléon! Vive le président! Vive l'empereur! Ceux-ci furent seuls prononcés dans les autres villes.

Le 11 septembre 1849, Louis-Napoléon inaugurait aussi à Sens la première section du chemin de fer de Lyon. De Paris à Brunoy, à Melun, à Fontainebleau, à Montereau et à Sens, il fut reçu, comme il l'avait été de Paris à Epernay, aux cris prolongés de Vive Napoléon! vive l'Empereur! Mais les Sénonais avaient voulu que leur manifestation eût un sens plus complétement impérial. Un magnifique banquet fut donné à Louis-Napoléon dans la cour principale du lycée; au centre étincelait un lustre; un aigle le surmontait, et de ses serres pendait une couronne de chêne et de laurier où se lisaient les noms de Napoléon le Grand, de Joseph, de Louis, de Lucien et de Jérôme.

Rouen, en août 1849, a eu aussi pour Louis-Napoléon une réception enthousiaste. Le peuple y a applaudi vivement pendant que les musiques militaires jouaient le *Veillons au salut de l'Empire.*

En 1849, 1850, 1851, Louis-Napoléon a donc été constamment accueilli aux cris de Vive Napoléon! Vive l'Empereur! à Paris et dans les villes qu'il a visitées.

Celles où il n'a pu se rendre ont donné leur adhésion complète à ces cris.

Toute personne impartiale verra incontestablement une protestation contre la République, et un appel de Louis-Napoléon à l'Empire, dans ces cris si accentués de Vive Napoléon! dans ceux de Vive l'Empereur! dans cet air de *Veillons au salut de l'Empire!* que Rouen glorifiait comme un air national, dans cet aigle surmontant à Sens le lustre du banquet, et dans cette couronne où le nom de Napoléon le Grand, de Joseph, de Louis, de Lucien et de Jérôme avaient été encadrés. Les cris de Vive l'Empereur! se produisaient en partie comme un souvenir, je le sais; mais plus spécialement ils renfermaient un vœu émis pour le repos de la France à l'aspect de Louis-Napoléon.

Le sens de plus en plus impérial de ces démonstrations successives dans chaque ville suscitait les dédains, mais surtout les colères de la presse démagogique. Elle appelait ironiquement les voyages de Louis-Napoléon *voyages princiers;* elle maudissait ces démonstrations comme *des outrages audacieux à la république*, comme *des fêtes coupables, des ovations absurdes, contre-révolutionnaires,* où des cris inconstitutionnels se proféraient, où l'on *foulait aux pieds les principes de février.*

Malgré la presse démagogique, le peuple redoublait d'ardeur pour recevoir Louis-Napoléon avec toute solennité. Il voulait prouver chaque jour davantage, et aux plus incrédules, qu'il agissait sciemment en rendant des honneurs *princiers* à Louis-Napoléon, en foulant aux pieds les principes de février. Il agissait ainsi parce qu'il poursuivait de ses vœux instants la substitution du régime impérial au régime républicain.

Ma seconde preuve est achevée; je pose ma conclusion. L'attitude des populations, à Paris et dans les départements, pendant les années 1849, 1850 et 1851, leurs cris invariables de Vive Napoléon! Vive l'Empereur! les innombrables pétitions et les votes de quatre-vingts conseils généraux en 1851, me donnent donc le droit le plus complet de répéter hautement l'intitulé de ce chapitre : « Du 10 décembre 1848 au 2 décembre 1851, les » vœux et les actes de la France ont indiqué le rétablis» sement de l'Empire comme la seule solution pos» sible. »

CHAPITRE IV.

2 Décembre 1851.

Un coup de foudre a retenti soudain; le 2 décembre 1851 vient de se manifester. Le nœud de la situation ne pouvait plus se délier; Louis-Napoléon l'a tranché miraculeusement. D'une part la conspiration parlementaire, née au sein de la commission de prorogation en 1850, alliée en 1851 aux partis monarchiques et révolutionnaires, avait résolu son coup d'état pour déposer le Président. La proposition de réquisition directe que les questeurs avaient présentée le 17 novembre 1851 avait été publiquement une déclaration de guerre immédiate. D'autre part le flot révolutionnaire montait, montait incessamment; la date sinistre de 1852 flamboyait à l'horizon. Louis-Napoléon a vu de haut et de loin; il a apprécié complétement, avec son instinct si sûr, l'imminence et l'intensité du danger dont la sainte cause qu'il représente est menacée. Il ne peut hésiter plus longtemps; la religion du devoir le conduit en avant, le temps est venu où il doit *sortir de la légalité pour rentrer dans le droit*. Intrépide de cœur, serein de visage, se confiant pour le succès à Dieu, au peuple et à l'armée, il se lève comme un héros, marche, au péril de sa vie, au devant de l'anarchie, et, devançant le jour qu'elle avait choisi pour livrer son combat décisif et suprême, il sauve la France, le monde et la civilisation. Avec le calme de la conviction, avec le courage d'une conscience honnête et pure, il a accompli l'acte de pouvoir le plus périlleux, le plus indispensable.

En parlant du 2 décembre, je dois l'hommage de la reconnaissance publique à MM. le général Leroy de Saint-Arnaud, de Maupas, de Persigny, de Morny et le général Magnan. Louis-Napoléon les a honorés du rôle de ses confidents, du jour où il s'est résolu à conjurer la ruine de la patrie. Sous ses inspirations, ils ont mûri attentivement le plan du grand acte de salut auquel ils se dévouaient, ils en ont coordonné les détails multiples et préparé le succès. Des causes inattendues pouvaient surgir cependant et déjouer leurs prévisions les plus complètes; ils l'avaient compris et ne se dissimulaient pas que, dans ce cas, leur patriotisme serait réputé crime, qu'ils auraient à en répondre sur leurs têtes. Cette considération ne les a pas arrêtés un seul instant. La France a admiré leur abnégation, elle les a solennellement remerciés.

M. de Persigny sert depuis 1836 avec une haute habileté et avec le dévouement le plus absolu la cause de Louis-Napoléon. A Strasbourg, à Boulogne, il a confessé au péril de sa vie sa foi en l'idée napoléonienne. Au mois de juillet 1848, il a été incarcéré à Paris avec MM. Dumoulin, Laity et autres. Le pouvoir exécutif les frappait ainsi pour leur Bonapartisme. En 1840, au moment où Louis-Napoléon allait être transféré à Paris, M. de Persigny ne craignit pas de le saluer à haute voix de ce courageux et prophétique adieu, en présence de toutes les autorités civiles et militaires : « Prince, partez en » paix : l'ombre de l'empereur vous protége, elle vous » conservera pour le bonheur de la France. »

Le 2 décembre a confirmé ces paroles que le maréchal Bugeaud, ce grand citoyen de regrettable mémoire, adressait à son heure suprême à Louis-Napoléon, en serrant affectueusement sa main : « Prince, vous sauverez » la France. »

CHAPITRE V.

Le cri de Vive Napoléon III! est aujourd'hui le cri de ralliement de la France.

J'ai démontré dans mon troisième chapitre que, du 10 décembre 1848 au 2 décembre 1851, les vœux et les actes de la France ont indiqué le rétablissement du Pouvoir impérial comme la seule solution possible. Nous allons voir comment, depuis le 2 décembre, cette solution a débordé irrésistiblement du cœur et de la conscience de chaque Français.

Au scrutin du 20 décembre 1851, 7,500,000 suffrages ont remercié Louis-Napoléon de son dévouement. Une seule pensée a dicté ce vote : la France a voulu donner immédiatement au sauveur de la patrie la couronne impériale. On ne peut interpréter autrement cette acclamation du 20 décembre 1851.

Je vais parler maintenant des adresses que les conseils

d'arrondissement, les conseils généraux et municipaux, ont votées successivement il y a quelques mois. Ils ont sollicité avec instance le rétablissement immédiat du Pouvoir impérial héréditaire, ils ont démontré que cette modification à la Constitution du 15 janvier 1852 peut seule assurer à l'avenir la stabilité que le patriotisme de Louis-Napoléon a donnée au présent. Chacune de ces adresses s'est inspirée aux mêmes arguments; il n'y a de différence entre elles que pour le mode de rédaction. Je me hâte de signaler cette circonstance, car elle réduira au silence les hommes dont l'hostilité systématique prétend que le gouvernement a dicté les délibérations.

Honneur et reconnaissance aux conseils d'arrondissements, aux conseils généraux et municipaux! ils ont voté dans la haute indépendance de leurs convictions et sous l'empire d'une nécessité profondément sentie.

La France ne pouvait donner à leurs vœux une adhésion plus complète.

Rappelons-nous en effet la magnificence indicible du spectacle que son enthousiasme vient de donner pendant la marche triomphale de Louis-Napoléon au milieu des départements du Centre et du Midi. Nous avons vu partout les populations, accablées quelques mois auparavant sous le poids d'un avenir redoutable et douloureusement penchées sur l'abîme, respirer heureuses au sein de l'allégresse et se presser impatientes autour de leur sauveur. Elles n'avaient plus de désirs que pour le chercher, de regards que pour le suivre, de mains que pour l'applaudir, de voix que pour le remercier. Sur son passage les routes ont été semées de feuillage, les habitants des villages et des campagnes sont accourus se ranger en haie; à chaque maison un arc de triomphe a été dressé, à chaque fenêtre ont été suspendus des drapeaux encadrant les images de l'Empereur et de Louis-Napoléon. De ville en ville, de village en village, les acclamations de Vive l'héritier de l'Empereur! Vive Napoléon III! ont suivi ardentes et irrésistibles; elles ont été reproduites à chaque pas dans les devises particulières des maisons, dans les inscriptions des arcs de triomphe, les allocutions des autorités municipales et du clergé! Mais l'enthousiasme de la France à l'aspect de Louis-Napoléon a atteint des proportions si inouïes que la plume la plus habile serait impuissante à le décrire dignement. En aucune circonstance, le souverain le plus aimé n'a reçu une ovation semblable: l'histoire nous autorise à le dire. Je ne saurais avoir une plus heureuse inspiration que de citer, pour conclure sur ce point, cette phrase de M. le Ministre de l'intérieur : « Ce » voyage est un de ces événements qui doivent laisser

» des traces durables dans le souvenir et le cœur du » peuple. » Je copie cette phrase dans la circulaire adressée le 30 septembre aux préfets des départements que le Prince avait déjà visités ou devait visiter avant son retour à Paris.

Il a été donné aux provinces seules du Centre et du Midi de posséder Louis-Napoléon; seules elles ont donc pu produire en sa présence leurs vœux ardents pour le rétablissement de l'Empire. Les autres départements, moins heureux, mais jaloux de s'associer immédiatement et d'une manière directe à cette manifestation, se sont mis en mouvement et ont voté des adresses. Le moindre village a voulu présenter la sienne, et sur la plupart d'entre elles le chiffre des signatures dépasse celui des *Oui* donnés au plébiscite du 20 décembre.

Devant l'immensité et l'élan de ce mouvement national que nous avons vu s'accomplir si spontanément, nous ne pouvons que nous incliner respectueusement et reconnaître de plus en plus que Louis-Napoléon est l'homme providentiel. Dieu avait imprimé en son âme le secret instinct de sa destinée; il pressentait et prédisait ce mouvement quand il écrivait à un ami dévoué, en 1838 : « On vous demandera où est le parti napoléo- » nien ; répondez : Le parti n'est nulle part, et la cause

» partout. Ce parti n'est nulle part, parce que nos amis
» ne sont pas enrégimentés, mais la cause a des partisans
» partout.... Si un jour les partis renversaient les pou-
» voirs existants (l'exemple des cinquante dernières an-
» nées permettant cette suposition), et si, habitués qu'ils
» étaient à mépriser l'autorité, ils sapent toutes les bases
» de l'édifice social, peut-être le nom de Napoléon serait
» une ancre de salut pour tout ce qu'il y a de généreux
» et de vraiment patriotique en France. »

Louis-Napoléon, on le voit, a constamment prévu sa destinée; il l'a constamment attendue avec une conviction persistante, malgré ses revers.

Le cri de Vive Napoléon III! est donc désormais le cri de ralliement de la France. Le clergé, la magistrature, l'armée, les autorités civiles, la noblesse, la bourgeoisie, les ouvriers des villes, les habitants des campagnes, en un mot toutes les classes de citoyens, se confondent dans leur reconnaissance pour Louis-Napoléon, l'acclament Empereur.

CHAPITRE VI.

Louis-Napoléon, se rendant aux vœux de la France, accepte enfin l'Empire.

Le rétablissement de l'Empire est indispensable au repos de la France; il est selon la pensée de Dieu. Devant cette double vérité, aujourd'hui incontestable, les scrupules patriotiques de Louis-Napoléon ont enfin cédé. Il se rend à la voix du peuple, écho de la voix de Dieu; il accepte le diadème impérial; il consent à le substituer à la couronne civique dont 7,500,000 suffrages ont ceint son front le 20 décembre 1851. Inaccessible aux sentiments de son intérêt personnel, et recherchant constamment dans ses actes celui de la France, il s'est interrogé attentivement pour reconnaître *sous quel nom il pouvait rendre les plus grands services.* Les cris partis de l'âme du peuple l'ont profondément impressionné; ils ont éclairé sa délibération et vaincu son hésitation. Il a compris qu'il ne devait pas leur résister plus long-temps: il recevra donc des mains du peuple le manteau impérial. Ses récents discours, à Nevers, à Lyon et surtout à Bordeaux, ont dissipé les doutes cruels que nous avions sur ce point.

A Nevers, le 15 septembre 1852, il a répondu aux membres du conseil général : « Quand il s'agit de l'intérêt général, je m'efforce toujours de devancer l'opinion publique; mais je la suis quand il s'agit d'un intérêt qui peut sembler personnel. »

A Lyon, le 20 septembre, au pied de la statue équestre de l'Empereur, et au moment de l'inauguration, il a confirmé ainsi les paroles qu'il avait prononcées à Nevers : « Sur tous les points de mon passage s'est élevé le cri unanime de Vive l'Empereur ! Mais ce cri est bien plus, à mes yeux, un souvenir qui touche mon cœur qu'un espoir qui touche mon orgueil... Si le titre modeste de Président pouvait faciliter la mission qui m'était confiée, et devant laquelle je n'ai pas reculé, ce n'est pas moi qui, par intérêt personnel, désirerais changer ce titre contre celui d'Empereur. »

Que cette allocution du Prince au pied de la statue de l'Empereur reçoive notre solennel hommage! Admirons-en la modestie, inclinons-nous respectueusement devant sa noblesse et sa loyauté. Je ne saurais peindre qu'imparfaitement l'allégresse dont elle a pénétré la population lyonnaise, et l'explosion enthousiaste des cris de

Vive l'Empereur! au moment où le Prince a déclaré que, « si le titre modeste de Président pouvait faciliter sa » mission, il ne désirerait pas changer ce titre contre » celui d'Empereur. »

Le 9 octobre, à Bordeaux, il honorait de sa présence le banquet que la chambre de commerce lui avait offert. Dans sa réponse au toast du président, nous lisons ce passage : « Jamais peuple n'a témoigné d'une manière plus directe, plus complète, plus spontanée, la volonté de s'affranchir des préoccupations de l'avenir, en consolidant dans la même main un pouvoir qui lui est sympathique. »

Louis-Napoléon a donné à Bordeaux le magnifique programme de la politique pacifique et féconde qu'il suivra invariablement. Ses paroles ont eu en Europe un immense et heureux retentissement.

Mais je reprends la question de l'Empire. Il sera proclamé; Louis-Napoléon l'accepte enfin : ses discours à Nevers, à Lyon, à Bordeaux, nous l'ont appris. Cette grande restauration politique sera le complément de la restauration sociale qu'il a accomplie. Répétons donc cette acclamation dont la ville d'Alzon l'a salué à son passage : « L'Empire est fait! Vive l'Empereur! »

CHAPITRE VII.

L'intérêt de la France demande la proclamation immédiate de l'Empire.

A quel moment le rétablissement de l'Empire sera-t-il décrété? C'est l'importante question que la France se pose maintenant avec anxiété ; elle demande qu'il le soit immédiatement. Ses vœux instants sur ce point ont été émis récemment en présence de Louis-Napoléon au théâtre de Toulouse. Les cris de Vive Napoléon! Vive l'Empereur ! *Tout de suite ! tout de suite !* se sont succédé pendant toute la représentation.

Les adversaires irréconciliables de la paix publique ne cessent de porter leurs défis. Au souvenir de leur audace, la crainte d'une crise domine constamment les âmes ; l'incertitude pèse sur les affaires, ralentit et ajourne les transactions, porte gravement atteinte à nos intérêts nationaux et internationaux. La proclamation de l'Empire consacrera enfin l'avénement d'un gouvernement définitif. A son aspect, les défis des anarchistes cesseront, l'incertitude se dissipera, et la France, dégagée de préoccupations, reprenant une confiance inébranlable en sa destinée, suivra résolument la voie du progrès et des améliorations. Elle a donc raison de répéter à chaque heure du jour ce cri de la population toulousaine : *Tout de suite! tout de suite!*

La stabilité dans les institutions est l'âme des nations; elle est la plus puissante clef de voûte pour l'édifice social. L'assurance, la vigueur et la fécondité d'un pouvoir constitué héréditairement ne sauraient appartenir à celui qu'on crée pour une période de dix ans, à celui même dont la durée doit comprendre la vie de l'homme auquel on l'a confié. Placer le pouvoir sur l'une ou l'autre de ces bases, c'est assigner une heure fixe au réveil des factions. La France comprend aujourd'hui cette immuable vérité, inscrite sur les pages de son histoire en caractères désormais ineffaçables. Aussi est-elle impatiente d'assurer pleinement et solidement son avenir, en s'abritant au plus tôt sous l'égide d'un gouvernement héréditaire.

Du jour seul où l'Empire aura reçu son rétablissement officiel, commencera réellement pour elle la possibilité de recueillir le fruit des bienfaits dont Louis-Napoléon l'a comblée.

Mais considérons le rétablissement de l'Empire à un

autre point de vue; il va nous apparaître aussi comme un acte indispensable.

Notre reconnaissance, autant que notre confiance illimitée, ont donné à Louis-Napoléon un pouvoir dépassant en omnipotence celui de Charlemagne, de Louis XIV, de Napoléon. En France, le mot de République est aujourd'hui complétement dépourvu de signification. Pourquoi continuerait-il à y régner et à masquer la réalité? La France a posé des prémisses, elle veut en proclamer les conséquences logiques, et mettre son langage politique d'accord avec ses idées et ses désirs. Louis-Napoléon est empereur par le fait, qu'il le soit par le droit. Que le Sénat soit donc appelé immédiatement à délibérer, il donnera satisfaction à nos besoins pressants, votera à l'unanimité le rétablissement de l'Empire et en règlera les conditions. Le peuple, interrogé, aura des millions de suffrages pour sanctionner la perpétuité et l'hérédité du pouvoir dans la personne de Louis-Napoléon.

CHAPITRE VIII.

A la prière de la France, Louis-Napoléon, sincèrement religieux, rétablira la Cérémonie du Sacre.

La France, dans son immense majorité, a conservé et conservera constamment sa fidélité absolue au culte de la foi catholique. Vainement les prédications audacieuses de la philosophie l'ont conviée à l'apostasie, vainement les persécutions révolutionnaires ont voulu l'y contraindre, elle est restée sourde aux prédications autant qu'inébranlable devant les persécutions. France et religion sont deux mots inséparables. Aussi la France, douloureusement affectée en 1830 quand elle a vu abolir l'antique cérémonie du sacre, supplie-t-elle instamment Louis-Napoléon de la rétablir et de mettre ainsi d'une manière spéciale sa prise de possession du sceptre impérial sous la protection du ciel.

Ce vœu de la France est conforme à la pensée de Louis-Napoléon. On sait combien ses sentiments religieux sont profonds, combien il est pénétré de respect pour les choses divines. En toutes circonstances il rend un hommage public à la religion; il est heureux de proclamer qu'elle est l'appui moral le plus indispensable pour diriger régulièrement la marche d'une nation. Il rétablira la cérémonie du sacre, comme il s'est hâté, depuis le 2 décembre 1851, de rétablir la sainteté du serment politique. Les vrais Français ont applaudi à cette mesure; ils étaient impatients de voir le principe d'autorité reconquérir enfin une partie de son prestige.

Le 2 janvier 1852, Louis-Napoléon, suivi de la population de Paris, reconnaissante et recueillie, s'est rendu à Notre-Dame; humblement agenouillé, il a remercié Dieu de l'avoir choisi comme son instrument pour assurer le salut de la France et de l'Europe. Le jour apparaîtra prochainement où, revêtu de la pourpre impériale, et marchant triomphalement aux cris mille fois répétés de vive Napoléon III ! il reviendra dans l'antique basilique, présentera son front à l'onction de l'huile sainte et suppliera le Très-Haut de l'assister de plus en plus dans l'accomplissement de sa laborieuse mission.

CHAPITRE IX.

Le Souverain Pontife, voulant reconnaître dignement les services que Louis-Napoléon a rendus à la religion, consentira à venir à Paris pour le sacrer.

On reste immobile de stupeur au souvenir du vertige inouï dont les intelligences furent atteintes en France sous l'action des principes auxquels la révolution de février venait de donner crédit. A chaque pas les disciples de Fourrier, d'Owen, de Saint-Simon et autres prétendus inventeurs de science sociale, reproduisaient leurs prédications. Une propagande active s'agitait au profit des doctrines les plus absurdes; et le socialisme, armant le pauvre contre le riche, émettait ses atroces maximes : « *La propriété est un vol; La famille est un* » *mot.* »

Au milieu de ce désordre, les idées religieuses ont eu aussi leurs adversaires acharnés : des sectes de déistes, de panthéistes et d'athées se sont constituées. Ici on dénonçait le respect pour les institutions du catholicisme et pour ses ministres comme un acte de fétichisme;

on prétendait à la liberté la plus illimitée des cultes. D'un autre côté, on demandait que chacun eût le droit de se créer une religion, de chercher publiquement des prosélytes; on soutenait que les préceptes de la religion naturelle devaient seuls diriger désormais le développement de l'âme du peuple. Enfin le hideux socialisme promulguait ainsi son symbole religieux : « Le premier » devoir de l'homme intelligent et libre est de chasser » incessamment l'idée de Dieu de son esprit et de sa » conscience; car Dieu, s'il existe, est éternellement » hostile à notre nature, et nous ne relevons aucunement de son autorité. *Dieu retire-toi*, car dès aujour» d'hui, guéri de ta crainte et devenu sage, je jure, *la » main étendue vers le ciel*, que tu n'es que le bourreau » de ma raison, le spectre de ma conscience. »

Devant de pareils blasphèmes, que le délire seul peut proférer, les vrais chrétiens priaient et pleuraient.

Le règne des principes inaugurés en février nous conduisait, on le voit, à un horrible chaos, à une décomposition sociale. *La France ressemblait à une pyramide qu'on aurait retournée et voulu faire reposer sur son sommet*, comme Louis-Napoléon l'a dit, le 29 mars 1852, en inaugurant la session, et à l'aide d'une comparaison si frappante de vérité.

Dès son avènement au pouvoir présidentiel, il a combattu de front l'immense perturbation introduite dans les idées saines de la politique et de la morale; il s'est appliqué à replacer la pyramide sur sa base. Protecteur actif de la religion, il a commencé aussitôt à agrandir son domaine, à la remettre en possession de la plénitude de son autorité morale.

Je veux indiquer ici quelques uns des bienfaits que Louis-Napoléon a accordés à l'église de France :

Du 20 décembre 1848 au 2 décembre 1851, il a 1° autorisé, le 16 septembre 1849, la réunion des conciles métropolitains et des synodes diocésains; 2° il a aidé l'accroissement des communautés religieuses, et assuré ainsi un soulagement de plus à chaque douleur, à chaque misère; 3° il a, malgré les clameurs du parti républicain, déterminé l'assemblée à voter enfin, le 15 mars 1850, la liberté de l'enseignement : il l'avait hautement proclamée comme indispensable dans le manifeste qu'il avait publié à l'appui de sa candidature à la présidence.

Depuis le 2 décembre 1851, il a 1° rendu Sainte-Geneviève au culte; 2° appelé une communauté de prêtres à la desservir; 3° institué les aumôniers de la flotte et des dernières prières; 4° pour rehausser la dignité des évêques, il a augmenté leur traitement, que des gouvernements ennemis avaient outrageusement abaissé; 5° Il a affecté cinq millions à la création d'une caisse de retraite au profit des desservants les plus pauvres; 6° il a voulu, dans l'intérêt du peuple, que les congrégations religieuses de femmes vouées au soulagement des malades pauvres et à l'instruction eussent dorénavant moins de difficultés à subir pour arriver à leur reconnaissance légale; 7° il a décrété que les cardinaux seraient de droit membres du sénat; 8° il a invité le peuple au respect des préceptes religieux, en prescrivant que les travaux publics pour le compte de l'état seraient suspendus les dimanches et jours de fête.

Au sujet de l'admission des cardinaux au sein du sénat, on sait que la révolution de juillet avait supprimé le banc des evêques à la chambre des pairs. Ce stupide blasphème, *la loi est athée*, avait alors les honneurs d'un axiome politique, et la révolution de juillet y avait puisé son inspiration. Louis-Napoléon, en décrétant que les cardinaux seraient membres du sénat, a compris que le devoir d'une nation chrétienne est d'admettre respectueusement la religion à prendre part à la confection des lois.

En toutes circonstances Louis-Napoléon a donc proclamé ses sentiments de vrai catholique et couvert de son patronage l'église de France. Mais il est l'homme du salut européen ; il aurait cru avec raison remplir incomplétement sa mission si, en considérant les devoirs qu'elle lui impose pour la défense de la religion, il avait limité son action au territoire de la France. A l'aspect de Pie IX qu'une insurrection chassait de sa capitale, il a pris en main la cause de la chrétienté audacieusement attaquée dans la personne de son chef. Il avait compris combien l'indépendance de Rome est la condition indispensable pour le maintien de la paix dans le monde. Il s'est donc présenté devant l'assemblée nationale et a demandé notre intervention armée dans les États-Romains. Sa courageuse insistance, inébranlable devant les malédictions du parti républicain, a conquis un vote affirmatif. Notre armée, mise aussitôt en mouvement, a rétabli le gouvernement temporel du Pape aux applaudissements de la France et du monde, pleins d'admiration pour sa valeur et sa persévérance.

C'est dans sa conviction seule de catholique, sincèrement dévoué à sa foi, que Louis-Napoléon puise sa sollicitude constante pour les intérêts de la religion. Relisons à ce sujet cette partie de sa réponse à Mgr l'évêque de Marseille : « Partout où je le puis, je m'efforce de sou-
» tenir et de propager les idées religieuses, les plus su-

» blimes de toutes, puisqu'elles guident dans la fortune
» et consolent dans l'adversité. Mon Gouvernement, je
» le dis avec orgueil, est un des seuls qui aient soutenu
» la religion pour elle-même; il la soutient non comme
» instrument politique, non pour plaire à un parti, mais
» uniquement par conviction et par amour du bien
» qu'elle inspire, comme des vérités qu'elle enseigne. »

Commenter de si admirables paroles, ce serait en affaiblir la puissance. Conservons-les avec respect dans notre souvenir.

Je viens de mentionner quelques uns des plus importants services que Louis-Napoléon a rendus à la religion. Notre digne clergé est pénétré de reconnaissance; à chaque instant il en multiplie les preuves. Mais il en est une spéciale que je sollicite aujourd'hui de son patriotisme, au nom de la France; il s'empressera de la donner, j'en suis convaincu.

La France, jalouse d'obtenir à l'œuvre immortelle de sa délivrance la plus auguste des consécrations, désire ardemment et demande avec respect que le souverain Pontife consente à se rendre à Paris pour bénir la couronne impériale de Napoléon III. Que le clergé accepte la mission de porter à la cour de Rome ce vœu de la France; qu'il l'appuie de son influence; qu'il s'y associe hautement, et le souverain Pontife daignera l'accueillir. Il sera heureux de venir, en une circonstance aussi solennelle, remercier de vive voix l'homme providentiel auquel il doit le maintien de l'institution et de l'unité catholiques.

La France recevra avec vénération le chef des fidèles ; une fois de plus, sous ses auspices, elle renouvellera son alliance indissoluble avec la religion, et saluera la croix comme le symbole de la société.

Dernièrement, au sujet de la marche triomphale de Louis-Napoléon dans nos départements du Centre et du Midi, M. le général Gémeau, commandant en chef notre armée à Rome, disait à Sa Sainteté : « Il ne pourra y » avoir quelque chose de semblable en fait d'enthou- » siasme que pour le Pape, s'il paraissait dans notre » pays régénéré. »

M. le général Gémeau s'est constitué l'interprète fidèle des sentiments de la France : elle le remercie et confirme hautement ses paroles.

DEUXIÈME PARTIE

DEUXIÈME PARTIE

CHAPITRE Ier.

La France veut la monarchie héréditaire, mais elle la veut impérieusement dans la famille de Napoléon.

La France est aussi immuablement monarchique qu'elle est religieuse. Le régime républicain froisse son instinct national, est antipathique à ses mœurs, ment à ses traditions, la frappe mortellement dans son repos et dans sa grandeur. Qu'on se mette au point de vue de ses intérêts politiques, économiques, artistiques, on reconnaîtra que le gouvernement monarchique lui est indispensable.

Les auteurs de la révolution de Février ne se dissimulaient point, quand ils ont décrété le régime républicain, que la France le rejetait; ils l'ont sciemment sacrifiée à leur ambition. C'est en vain que dès leur avénement au pouvoir ils ont cherché à la républicaniser au moyen de l'intimidation, que les commissaires généraux, sous-commissaires, et délégués des clubs parisiens, ont déployé partout leur action révolutionnaire, conformément aux circulaires de Ledru-Rollin, et notamment à celle portant le n° 3. La France, revenue de la stupeur qu'elle avait subie à l'aspect du 24 Février, a manifesté aussitôt pour la République cette répulsion que nous avons vue s'accroître de plus en plus pendant quatre années. Elle attendait avec impatience le moment où elle pourrait secouer un joug si fatal; elle confessait chaque jour à haute voix sa foi monarchique.

Je connais des hommes constamment prêts à soutenir, en simulant une conviction profonde, que la République a été accueillie en Février avec reconnaissance. Je leur dois une réponse; elle sera péremptoire. M. Louis Blanc a publié à Londres une revue intitulée : *le Nouveau Monde;* je vois cette phrase dans le numéro paru en novembre 1849 : « La plupart des départements, en février 1848, étaient encore monarchiques; ils avaient appris l'avénement de la République avec une sorte de stupeur. »

Cet aveu de M. Louis Blanc a une autorité que des républicains ne peuvent contester.

Les auteurs de la révolution de Février savaient complétement, ai-je dit plus haut, que la France repoussait la République. Veut-on que je produise des preuves sur ce point ? Elles abondent; une seule suffira.

Le Gouvernement provisoire avait déclaré solennellement, on se le rappelle, que la France serait appelée à se prononcer sur l'institution de la République. A peine venait-il de se lier ainsi, comme il le devait pour rendre hommage à la souveraineté du peuple, qu'il usurpa le pouvoir dictatorial, et que ses décrets proclamèrent la République et tranchèrent toutes les questions d'existence sociale.

Il ne se refusait ainsi à consulter la France, avant de disposer d'elle, que parce qu'il savait combien son vote serait hostile à la République.

Nos paysans surtout avaient manifesté leur aversion pour elle. Les Républicains dont se composait la majorité de l'Assemblée constituante furent attentifs à se le rappeler lorsque vint la discussion sur les circonscriptions électorales. Leur principale préoccupation était alors de rendre l'accès du scrutin aussi difficile que possible aux habitants des campagnes; ils décrétèrent le vote au canton.

Il est donc constant que la France veut une monarchie héréditaire, qu'elle la considère avec raison comme indispensable à son repos et à sa prospérité.

Mais la personnification de cette monarchie dans la maison de Bourbon est désormais impossible. Cette maison est définitivement impuissante à présider aux destinées de la France. Pour reconnaître cette vérité, apprécions impartialement notre présent et la situation des partis, rappelons-nous les chutes successives dont la maison de Bourbon a été frappée. Croire au rétablissement de la branche aînée, ou à celui de la branche cadette, ou à celui des deux réunies, c'est se complaire dans des utopies irréalisables au prix même des plus grands malheurs.

Les diverses dynasties se succédant dans l'histoire d'un peuple ne sont point des accidents isolés et qu'aucun lien ne rattache au passé. Des causes plus ou moins apparentes ou mystérieuses préparent de loin l'établissement de ces dynasties. Dieu n'a permis la chute définitive de la maison de Bourbon que parce qu'il voulait restituer le gouvernement de la France à la famille des Bonaparte. En 1814, le droit de la force dominant la force du droit, elle fut illégalement dépouillée. Mais Dieu la réserva avec soin, au milieu de l'exil, pour qu'elle vînt, à l'heure que ses décrets avaient marquée, se dévouer une seconde fois à notre salut.

Une seule hérédité est aujourd'hui durable en France, c'est l'hérédité dans la famille des Bonaparte. La France le comprend; aussi, en se replaçant sous la sauve-garde de la monarchie, elle veut se confier à la dynastie des Napoléoniens.

CHAPITRE II.

De toutes nos dynasties, celle des Bonaparte est la plus nationale et la plus légitime.

Parmi les noms dynastiques inscrits dans notre histoire, le plus populaire est incontestablement celui de Napoléon. Il est pour la France la personnification de ces immortels principes de 1789 auxquels elle est dévouée, car elle sait qu'ils peuvent seuls, s'ils sont sagement compris et appliqués, féconder sa vie civile et politique. Aucune dynastie n'est sortie du cœur de la France aussi directement que celle de Napoléon, aucune ne s'est identifiée à nous aussi complétement. L'Empereur sentait son immense popularité, quand il disait : « Oui, je puis tout » sur le peuple, parce que je suis l'empereur du peuple. »

Le monde eut pour la première fois le spectacle imposant d'une vaste nation appelée à se choisir son chef, le jour où la France décerna à Bonaparte consul le pouvoir décennal.

L'histoire en main, un homme impartial doit reconnaître que, de toutes nos dynasties, celle de Napoléon est la plus nationale et la plus légitime.

Je vais le démontrer, en indiquant pour chacune d'elles les circonstances de son avénement à la souveraineté.

Les Mérovingiens régnaient depuis 270 ans, lorsque Pépin le Bref, s'assurant la complicité de quelques chefs militaires, détrôna Childéric III et fonda la dynastie des Carlovingiens. Childéric fut rasé, le monastère de Sethin devint sa prison, il y mourut en 754. Son fils Thierry consuma pareillement sa vie dans un monastère, celui de Fontenelle en Normandie.

La race des Carlovingiens finit avec Louis V; elle s'était maintenue pendant 236 ans. A la mort de Louis, Charles de Lorraine, son oncle, et père de deux enfants, héritait de la couronne. Au mépris de ses droits, Hugues Capet la saisit; une assemblée de ses vassaux et de quelques hauts barons ses amis se réunit à Noyon en mai 987, et confirma son usurpation.

L'hérédité de la royauté a donc cessé, constatons-le, en passant, de Childéric III à Pépin et de Louis V à Hugues Capet.

Nous arrivons à l'histoire contemporaine.

En 1814, lorsque la maison de Bourbon vint reprendre le sceptre, la France ne fut pas consultée; elle ne le fut pas davantage, en 1830, pour l'institution du gouvernement de juillet. La victoire de la coalition européenne avait ramené la maison de Bourbon; les acclamations saluèrent peu son retour.

La majorité d'une assemblée, en 1830, vota en quelques jours une charte, et choisit un roi. Le pays les reçut avec indécision, son hostilité se manifesta plus tard.

Carlovingiens, Capétiens, branche aînée de Bourbon en 1814, dynastie de juillet, sont donc parvenus à la souveraineté dans les circonstances que je viens d'indiquer.

Analysons maintenant celles où Napoléon a été appelé au gouvernement de la France. Nous admirerons la consécration solennelle que la France a donnée plusieurs fois à son pouvoir, et nous reproduirons à haute voix, avec une inébranlable conviction, ces paroles que Louis-

Napoléon a prononcées récemment à Lyon : « Qui fut plus légitime que l'Empereur ! »

En 1801 le suffrage du peuple crée Bonaparte consul pour dix ans.

Le 10 mai 1802, il reçoit le consulat à vie.

Le 18 mai 1804, près de quatre millions de votes, contre deux mille cinq cents et quelques, acclament l'hérédité de la dignité impériale dans sa descendance et dans celle de Joseph et de Louis ses frères.

Mais l'année 1814 a paru, les revers accablent la France. On sait les honteuses défections dont ils furent le signal autour de Napoléon, au moment où le peuple et l'armée identifiaient plus que jamais sa cause avec celle de la patrie. Un décret du sénat osa prononcer sa déchéance. Il abdiqua alors en imposant pour condition l'hérédité de son fils; condition que les puissances coalisées acceptèrent et violèrent aussitôt, dans l'intérêt de la maison de Bourbon.

En mars 1815, Napoléon revient de l'exil; peuple et armée accourent sur ses pas. En mai, quatre millions de votes affirment une seconde fois l'Empire, dont les constitutions ont été préalablement soumises à des modifications reconnues indispensables.

Cependant l'aigle français, victime de la trahison, a

succombé à Waterloo. Napoléon, se sacrifiant au repos de la France, renouvelle son abdication au profit de son fils. Les Chambres l'acceptent le 22 juin 1815; le 23 elles proclament Napoléon II comme empereur des Français, et pendant deux jours les actes officiels inscrits au *Moniteur* sont signés au nom de Napoléon II. Le 5 juillet, les Chambres déclarent que « le gouvernement de la France » doit réunir les vœux de la nation légalement émis. » Cette manifestation patriotique de nos représentants est impuissante; l'Europe armée persiste à nous imposer la branche aînée de Bourbon.

Ce court historique est achevé. Pour me résumer, je cite un passage de l'allocution que Louis-Napoléon prononça en 1840 devant la Chambre des Pairs : « La na» tion, disait-il, a déposé des droits de souveraineté dans » les mains de ma famille; jamais la volonté nationale » n'a été proclamée aussi solennellement, n'a été consta» tée par des suffrages aussi nombreux et aussi libres. »

Affirmons donc, en posant une conclusion incontestable, qu'aucun souverain de France n'a eu, en aucune circonstance, un pouvoir qu'on puisse comparer à celui de Napoléon, au point de vue de la nationalité et de la légitimité.

En présence des votes de 1801, 1802, 1804, 1815,

dont la France honora Napoléon, que sont les titres de Pepin le Bref, de Hugues Capet, de la maison de Bourbon en 1814, de la dynastie de juillet ? Je le demande à toute personne dégagée de partialité.

Hugues Capet a succédé à Louis V moins légitimement que Napoléon n'a succédé à Louis XVI.

La famille Bonaparte a aujourd'hui le droit le plus intact au pouvoir dont la France avait investi Napoléon.

Louis-Napoléon disait aussi à la Chambre des pairs, en 1840 : « La nation n'a jamais révoqué ce grand acte » de souveraineté, et, l'Empereur l'a déclaré, tout ce » qui a été fait sans elle est illégitime. »

Ces paroles de Louis-Napoléon sont incontestables. Aucun acte légal et régulier n'a dépossédé la famille Napoléon. Le droit de la force a seul prononcé.

En vertu d'un sénatus-consulte de 1806, soumis à l'acceptation du peuple et ratifié à une majorité immense, Louis-Napoléon est actuellement l'héritier direct de Napoléon. Son origine constatait aux yeux de la France un titre certain à la souveraineté ; la France l'a prouvé dès la révolution de février. Mais il a voulu que son autorité reçût de plus la double consécration de ce double vote de 1848 et de 1851, double vote inouï dans les annales du monde.

Les diverses considérations que ce chapitre renferme m'autorisent donc à soutenir que, de toutes nos dynasties, celle de Napoléon est la plus nationale, la plus légitime. Entre elle et la France il y a identification complète depuis un demi-siècle.

CHAPITRE III.

La haute intelligence, la vaste instruction, l'esprit droit et sûr de Louis-Napoléon, autant que son patriotisme et l'énergie de son noble cœur, le rendent digne de nous commander.

La gloire la plus impérissable de l'Empereur est d'avoir en toute circonstance aimé la France de l'affection la plus absolue. Il est mort en invoquant sa patrie: *France, tête d'armée*, ont été, on le sait, ses dernières paroles.

Louis-Napoléon a toute l'âme de son oncle; il en a l'esprit droit, et cette l'intelligence ferme, que des pensées patriotiques ou généreuses illuminaient à chaque instant. Mais c'est surtout de l'affection de l'Empereur pour la

France qu'il est heureux de s'inspirer, que constamment il l'a été. En 1841, il écrivait du fort de Ham : « Je re-
» mercie le ciel de m'avoir donné pour refuge, après tant
» d'épreuves cruelles, une prison sur le sol français. »

Un seul motif l'a déterminé à visiter récemment nos départements du centre et du midi ; il a voulu se mettre en communication intime avec les populations pour étudier de près leurs besoins. Partout il a interrogé, avec une religieuse attention, le clergé, la magistrature, l'administration, les chambres du commerce. Dans plusieurs villes il a donné à des questions importantes une solution immédiate ; sous le règne du pouvoir parlementaire on l'aurait attendue vainement pendant des années. Trop long-temps ce pouvoir a pesé sur la France du poids de sa stérilité ; absorbé dans la politique, il a trop long-temps rejeté les idées sérieuses en arrière. L'ère des discussions passionnées et oiseuses est enfin fermée ; Louis-Napoléon a inauguré le gouvernement de l'action. Sa préoccupation constante est d'aider le plus grand développement des intérêts du pays, d'améliorer la condition morale, matérielle et intellectuelle des classes souffrantes. Infatigable dans le travail, doué d'une activité admirable, soumettant toute question à son appréciation personnelle, il s'est dévoué chaque jour, depuis le 2 décembre, à donner une base régulière et solide à la reconstruction de l'édifice social. Ses décrets révèlent sa sagesse, le calme de sa pénétration, la sûreté de sa décision, son esprit incroyable d'organisation et de méthode. On le voit discuter avec une connaissance pratique les points les plus délicats des affaires auxquelles on devait le croire absolument étranger.

Son instruction est des plus vastes; il s'est appliqué constamment à développer sa rare intelligence; il a abordé tour à tour dans ses études les langues mortes et vivantes, la littérature, les sciences exactes, morales et politiques. Comme administrateur, comme homme d'État, il a une solution sûre pour chaque difficulté.

Il possède à un haut degré le talent de l'écrivain; il en a donné des preuves incontestables.

Avant 1836, ses *Considérations politiques et militaires sur la Suisse*, son *Manuel de l'artilleur*, avaient acquis les suffrages des hommes les plus aptes à discerner le mérite.

En 1839, son *Idée napoléonienne*, parue en livraisons à Paris et à Londres, causa une vive sensation et le signala de plus en plus à l'attention de la France.

Pendant sa captivité à Ham, il a publié successivement des *Fragments historiques* (1688-1830), une brochure sur la *Question des sucres*, des *Réflexions sur le mode de recrutement de l'armée*, le premier volume sur l'*Histoire des armes à feu*, une brochure sur l'*Extinction du paupérisme*.

On a dit de Louis-Napoléon au sujet de sa captivité à Ham : « La prison de Ham eût été le tombeau d'un ambitieux vulgaire; Louis-Napoléon y a grandi dans le travail et la méditation. » Chacun reconnaîtra combien cette phrase est un hommage rendu à la vérité.

Louis-Napoléon a manifesté dans ses écrits une haute raison, un savoir profond, un ardent désir de servir l'humanité. Il a démontré avec autorité quels sont, en économie politique et morale, les principes vrais et seuls féconds.

La reconnaissance des ouvriers fut des plus vives pour sa brochure sur le *paupérisme*. La lettre qu'ils lui adressèrent en 1844 est l'éclatante expression du dévoûment qu'il leur inspirait.

Mais sa supériorité est aussi grande dans l'art de parler qu'elle l'est dans l'art d'écrire. Sa parole a, comme celle de l'Empereur, le don d'impressionner les masses. Relisons ses divers discours, nous verrons combien chacun d'eux est plein de clarté, de précision , de nerf et de pensées.

Parmi ceux qu'il a prononcés depuis le 2 décembre, rappelons-nous spécialement : 1° celui de décembre 1851 à la commission consultative au sujet du dépouillement des votes, celui de mars 1852 pour l'inauguration de la session, d'avril pour la réception du serment des chefs de la magistrature, du 10 mai pour la distribution des aigles; rappelons-nous 2° ceux qu'il vient d'adresser, pendant son voyage dans les provinces du Centre et du Midi, aux habitants de Nevers, de Lyon, de Marseille pour la pose de la première pierre de la Cathédrale; à Bordeaux, à Montpellier, au sujet de l'amnistie.

Ses discours antérieurs au 2 décembre ont aussi, en plusieurs circonstances, produit une vive et heureuse sensation.

Je ne puis résister au désir de citer quelques passages de ceux qu'il prononça à Sens, à Saint-Quentin, à Dijon, à Beauvais, à Paris devant les officiers de l'armée et devant les exposants de Londres.

Il disait à Sens, le 10 septembre 1849 : « C'est le dé-
» partement de l'Yonne tout entier qui, en m'élisant re-
» présentant du peuple, m'a rappelé dans mon pays.
» Vous avez pensé, Messieurs, que mon nom serait utile
» à la France; que je pourrais servir de point de ralli-
» ment à tous les hommes dévoués à notre patrie, dans

» un moment où tous les partis semblaient acharnés les » uns contre les autres.... Je ne vous remercie pas de » m'avoir donné le pouvoir, le pouvoir est un lourd far- » deau ; ce dont je vous remercie, c'est de m'avoir ou- » vert les portes de ma patrie. Croyez que je serai tou- » jours digne de la confiance que vous m'avez témoignée » d'une manière si touchante. »

A Saint-Quentin, en juin 1850, il parlait ainsi aux ouvriers dont il était entouré : « Car, voyez-vous, mes » amis les plus sincères et les plus dévoués ne sont pas » dans les palais, ils sont sous le chaume ; ils ne » sont pas sous les lambris dorés, ils sont dans les ate- » liers, sur les places publiques, dans les campagnes. »

Dès 1850, il appréciait sainement sa position. Il voyait le vide que les prétendus grands politiques commençaient à former autour de sa personne, mais il ne se décourageait pas.

Il savait que, le moment venu où il aurait à répondre aux conjurations des partis, il pourrait s'adresser en toute confiance aux forces vives du pays, au soldat et à l'homme du peuple.

A Dijon, en août 1850, il dénonçait douloureusement les ennemis du peuple cachés dans les rangs de l'Assemblée législative.

A Beauvais, en août 1851, pour l'inauguration de la statue de Jeanne Hachette, il prononçait ces mémorables paroles: « Souvent dans les dangers extrêmes, la Providen- » ce réserve à un seul d'être l'instrument du salut de tous. »

En novembre 1851, il recevait les officiers de l'armée de Paris, leur annonçait qu'il comptait sur leur dévoûment pour le jour du danger, et achevait ainsi son allocution au milieu des applaudissements : « Je ne vous di- » rai pas : Marchez, je vous suis, mais : Je marche, sui- vez-moi. »

On sait comment à sa voix, en décembre 1851, l'armée, si admirable de courage, de patriotisme et de discipline, a versé héroïquement son sang, préservé le pays de l'anarchie et du pillage.

Le 25 novembre 1851, devant les exposants de Londres, Louis-Napoléon condamnait hautement les hallucinations monarchiques et les utopies socialistes; il adressait cette phrase à la France alarmée : « Con- » fiez-vous à cette foi ardente qui me guide sûrement, » même à travers un espace où il n'y a pas de route tra- » cée. » Puis il ajoutait, avec la certitude d'une patriotique prophétie : « La France ne périra pas entre mes » mains; la tranquillité sera maintenue quoi qu'il arri- » ve.... Je saurai remplir ma mission; mon gouverne-

» ment a en lui le droit, qui vient du peuple, et la force,
» qui vient de Dieu. »

Il a prouvé le 2 décembre avec un succès inouï que la France ne périra pas entre ses mains; il le prouve chaque jour.

Un de nos publicistes les plus distingués, peignant le prestige attaché à la parole de Louis-Napoléon, nous en a donné cette définition : « Ses pensées mordent sur l'es-» prit et sur le cœur de tous. » Définition aussi complète qu'elle est heureuse et concise.

Ainsi donc, et chacun le proclame avec moi, la haute intelligence, la vaste instruction, l'esprit droit et sûr de Louis-Napoléon, autant que son patriotisme et l'énergie de son noble cœur, le rendent digne de nous commander. Dieu l'a réellement créé chef d'empire.

CHAPITRE IV.

Conclusion.

L'Empereur prodiguait à Louis-Napoléon la plus vive affection. Un matin, pendant les Cent-Jours, comme il l'avait à ses côtés dans son cabinet, le maréchal Soult arriva : « Maréchal, lui dit aussitôt Napoléon, embrassez » cet enfant : il aura un bon cœur, une grande âme, et » sera quelque jour l'espoir et l'orgueil de ma race. »

On ne pouvait lire plus sûrement et plus complétement dans l'avenir le rôle que la Providence destinait à Louis-Napoléon.

Cette prophétie de l'Empereur servira de conclusion à ces quelques pages, que je publie pour prendre mon humble part dans l'immense manifestation de la France en l'honneur de Louis-Napoléon.

www.ingramcontent.com/pod-product-compliance
Ingram Content Group UK Ltd.
Pitfield, Milton Keynes, MK11 3LW, UK
UKHW031949260826
14628UKWH00004B/1941

9 782011 746580